Monika Hülshoff

Amelie & Antonio

Vorlesegeschichten

Mit Illustrationen von Thorsten Saleina

ISBN 978-3-7432-0380-8
1. Auflage 2020
© 2020 Loewe Verlag GmbH, Bindlach
Umschlag- und Innenillustrationen: Thorsten Saleina
Redaktion: Nadja Fendrich
Umschlaggestaltung: Ramona Karl
Printed in the EU

www.loewe-verlag.de

Inhalt

Antonio und der Wasserfall 9
Antonio und die neue Freundin 18
Antonio und die weltbeste Verkleidung 27
Antonio und der Geburtstag 37
Antonio und Opas Überraschung 46
Antonio und der kleine Papa 51
Antonio und das Ritteressen 54
Antonio und die Monsterkissen 62
Antonio und die weite Reise 73
Antonio und die komische Amelie 85

Antonio und der Wasserfall

„Guten Morgen, Amelie, mein Mädchen, aufwachen." Mama zieht die Vorhänge mit einem Ruck zur Seite.

Amelie wacht auf und merkt sofort, dass etwas komisch ist: Das helle Sonnenlicht kitzelt wie immer im Gesicht, aber die Decke ist verknuddelt und irgendetwas fehlt. Amelie guckt sich um. Antonio liegt nicht neben ihr im Bett!

„Mama!", schreit Amelie, „Antonio ist weg!"

„Was?" Mama guckt erstaunt. „Nein, das kann nicht sein. Als ich dir gestern die Gute-Nacht-Geschichte erzählt habe, lag Antonio neben dir im Bett."

„Bestimmt ist er weggelaufen!", sagt Amelie ganz laut, damit Mama ihr zuhört.

„Amelie, Antonio ist ein Nashorn aus Stoff! Ein Stoffnashorn kann nicht weglaufen!"

Mama guckt sich suchend um: „Da ist Antonio doch! Er ist einfach aus dem Bett gefallen, so etwas passiert!"

TÜDELLÜHH, macht das Telefon.

„Ich geh mal schnell dran", sagt Mama, „vielleicht ist das Oma, geh du doch schon mal ins Bad. Ich komme dann und helfe dir beim Waschen."

„Mama hat keine Ahnung", flüstert Amelie Antonio zu. „Natürlich bist du lebendig und kannst laufen! Und ich kann mich alleine waschen!"

„Klar", sagt Antonio und gähnt gleichzeitig. „Und deshalb bleib ich noch im warmen Bett liegen."

„Nein", sagt Amelie, „du kommst mit, du musst auch ein bisschen gewaschen werden."

Amelie klemmt sich Antonio unter den Arm und stapft energisch ins Bad. Sie zieht den blauen Hocker unter dem Waschbecken hervor, stellt sich darauf und versucht, den Wasserhahn aufzudrehen. Mit dem Zeigefinger kommt sie fast bis an den Hebel. Sie rutscht näher heran und drückt fest darauf. TSCHH, läuft das Wasser aus dem Hahn. Und PLUMPS, rutscht Antonio unter Amelies Arm weg ins Waschbecken.

„Oh nein, Antonio, nein! Du kannst doch da nicht einfach reinspringen!", ruft Amelie erschrocken. „Jetzt bist du patschnass und deine Hose auch!"

„Macht nichts", sagt Antonio, „und wo ich einmal nass bin, kann ich auch eine Runde schwimmen!"

„Nein, du kannst jetzt nicht schwimmen!" Amelie zieht Antonio an einem Zipfel aus dem Waschbecken. Der Hocker wackelt und rutscht ein bisschen und beinahe kippt Amelie mit ihm um. Aber zum Glück kann sie sich noch schnell mit einer Hand am Beckenrand festhalten.

„Da siehst du mal, was du angestellt hast, Antonio! Fast wäre ich hingefallen", sagt sie vorwurfsvoll.

„Dann hätte ich mich schnell auf den Boden geschmissen und du wärst ganz weich auf mich draufgeplumpst!", sagt Antonio und niest laut. „Ha, haha, hatschi!"

„Ja, das hättest du bestimmt gemacht!", sagt Amelie und nickt zufrieden, weil es nämlich stimmt: Immer wenn es schwierig wird, kommt Antonio ihr zu Hilfe.

„Aber jetzt müssen wir schnell die Schlafanzughose ausziehen, die ist ja ganz nass!"

Amelie macht die drei Knöpfe auf und zieht an beiden Hosenzipfeln. „Nicht so wackeln, Antonio, sonst schaffe ich das nicht!" Sie legt Antonio auf den Bauch und zieht feste. SCHLUPPS, ist die Hose ausgezogen.

„Fertig!", lacht Amelie und wirft den Schlafanzug in die Luft. Er landet direkt im Waschbecken.

„Toll geworfen!", schreit Antonio.

„Getroffen!", freut sich auch Amelie. Und damit Antonio nicht friert, nimmt sie ein Handtuch vom Ständer und wickelt ihn ganz warm darin ein. „So, und jetzt geht's ganz schnell ab ins Bett, damit du keinen Schnupfen kriegst. Ich hatte nämlich schon einmal einen Schnupfen und das war ganz schlimm und ich hatte auch noch Fieber und das war auch ganz schlimm und ich war ganz traurig und Mama war auch ganz traurig, weil ich so krank war, und ... darum musst du ins Bett, damit du fein gesund bleibst."

Amelie legt Antonio in ihr Bett und legt sich daneben. „Soll ich dir was Schönes vorsingen?", fragt Amelie, aber Antonio antwortet nicht. „Mmhmmm, mhmm", singt Amelie.

„Pst, sei mal still", ruft Antonio und will aus dem Bett springen.

Jetzt wird Amelie streng: „Nein, Antonio, du kannst nicht aus dem Bett raus, du musst gesund werden!"

„Aber hör doch mal, da ist doch was!", ruft Antonio.

„Was meinst du? SCHT, sei mal leise, Antonio …, jetzt höre ich etwas, es macht so PLATSCH, PLATSCH, PLATSCH! wie beim Baden, komisch." Amelie wundert sich.

„Los, komm", sagt Antonio.

„Na schön, wenn du sagst, wir sollen nach dem PLATSCH gucken, dann machen wir das." Mit Antonio unterm Arm geht Amelie ins Bad zurück. Aber oje, was ist denn das? Amelies Füße sind sofort ganz nass!

Antonio zappelt und schreit: „Wasser!" Dann sieht es Amelie auch: Wasser, Wasser, Wasser, man sieht das Waschbecken gar nicht mehr richtig, nur Wasser. „Wie ein Wasserfall", murmelt Amelie und dann schreit sie ganz laut: „Maaaaaaaammaaaa!"

„Ich komme, ich muss nur Oma am Telefon noch eben Tschüss sagen!", ruft Mama zurück.

„Maaaaaaaamaaa!", brüllt Amelie.

Da steht Mama schon hinter ihr. „Was ist denn hier passiert?" Mama ist ganz erschrocken.

„Weiß nicht ...", sagt Amelie. „Plötzlich war da ein Wasserfall."

Mama watet vorsichtig durchs nasse Bad zum Waschbecken. Sie dreht den Wasserhahn ab und sofort verschwindet der Wasserfall.

„Amelie, du solltest doch auf mich warten, jetzt ist alles total nass hier ... und was ist das?" Mama fischt Antonios Schlafanzug aus der Tiefe des Waschbeckens.

„Jetzt weiß ich! Antonios Hose hat alles verstopft und dann ist das ganze Wasser übergelaufen!", erklärt Amelie stolz.

„Und wie kommt die Hose dahin?" Mama klingt ein bisschen verzweifelt. So, als ob sie gleich anfangen würde zu weinen.

„War ich nicht", versucht Amelie Mama zu beruhigen.

Das klappt aber nicht. Mama guckt jetzt böse.

„Oder nur aus Versehen, weil Antonio zuerst die Hose nicht aushaben wollte, und dann hab ich sie aber doch ausgekriegt und dann hab ich sie hochgeworfen und dann ...", stammelt Amelie.

„Stopp!", ruft Mama. „Ich will jetzt keine Antoniogeschichte hören!"

Amelie sagt nichts mehr. Zusammen mit Mama wischt sie das ganze Bad trocken. Mama mit dem großen Wischlappen und Amelie mit einem kleinen Handtuch. Antonio sitzt auf der Heizung, damit er trocken wird, und guckt zu.

Ab und zu blickt Amelie streng zu ihm hin, damit er ja keinen Unsinn macht.

Als endlich alles trocken ist und Mama, Amelie und Antonio auf dem Sofa sitzen und Kakao trinken, erzählt Amelie Mama die ganze Geschichte von vorne: Wie Antonio ins Waschbecken gesprungen ist, wie dann der Schlafanzug nass war und wie Antonio dann das laute PLATSCH gehört hat. Und wenn Antonio Amelie nicht überredet hätte nachzugucken, was wohl im Bad los ist, wäre jetzt bestimmt das ganze Haus voller Wasser!

„Siehst du, Mama", sagt Amelie, „Antonio ist doch das schlauste Nashorn der Welt!"

„Ja", seufzt Mama, „das stimmt wohl!"

Antonio und die neue Freundin

Amelies Mama bekommt gleich Besuch: Mamas beste Freundin, Kathrin. Leider bekommt deswegen auch Amelie gleich Besuch: Kathrins Tochter Sophie. Sie ist genauso alt wie Amelie.

„Das ist doch schön, dass Sophie mitkommt, Amelie, dann könnt ihr endlich wieder mal miteinander spielen", sagt Mama.

„Gar nicht schön ist das, ganz blöde ist das!" Amelie guckt Mama so wütend an, wie sie kann. „Ich spiel nicht mit der!", sagt sie laut.

„Aber was ist denn so schlimm daran, mit Sophie zu spielen?", fragt Mama erstaunt.

„Die Sophie will immer bestimmen!", beschwert sich Amelie.

„Ach, so schrecklich kann das doch nicht sein, das letzte Mal hat es doch auch gut geklappt, das Zusammenspielen!"

„Hat es nicht, hat es nicht!", Amelie schreit jetzt ganz laut. „Frag doch Antonio!"

Mama guckt sie kopfschüttelnd an und da stampft Amelie wütend in ihr Zimmer.

Sie knallt die Tür hinter sich zu, setzt sich auf den Boden und umschlingt Antonio ganz feste.

„Weißt du, Antonio, manchmal kann man mit Mama nicht reden! Das stimmt nämlich wohl, dass die Sophie immer bestimmen will! Schon mal sollten wir beide kleine Babys sein und sie war die Mama und hat uns gefüttert, weißt du noch?"

„Bäh!", sagt Antonio und nickt heftig.

„Und dann sollten wir alle krank sein, auch die Kuscheltiere, und sie war die Ärztin, hat uns gerettet und wir mussten alles machen, was sie wollte", schimpft Amelie.

„Noch mehr bäh", sagt Antonio.

„Amelie, komm schnell", ruft Mama aus dem Flur. „Der Besuch ist schon da."

Gaaanz langsam kommt Amelie aus ihrem Zimmer, den unwilligen Antonio zieht sie an einem Bein hinter sich her.

„Wie schön, dass ihr da seid, Kathrin!", jubelt Mama und küsst ihre Freundin auf die Wange.

„Wiiie schööön, dass iiiihr da seid", macht Antonio flüsternd Mama nach und zieht ein komisches Gesicht.

Zum Glück hört das keiner außer Amelie.

„Pass mal auf, Antonio", kichert sie, „gleich sagt Mama: ‚Und du, Sophie, freust dich doch sicher schon auf Amelie!'"

Aber es kommt schlimmer. Mama sagt doch tatsächlich: „Guck mal, Sophie, Amelie wartet schon auf dich", und zeigt hinter sich auf die erschrockene Amelie.

„Cool", ruft Sophie und rennt an Amelie vorbei in deren Kinderzimmer.

Amelie rennt hinter ihr her.

„Ich weiß auch schon, was wir spielen!", sagt Sophie, die bereits mit verschränkten Armen auf Amelies Bett sitzt und sehr streng guckt.

„Will ich gar nicht wissen", sagt Amelie.

„Aber dein Antonio will das wissen, stimmt's?", sagt Sophie und wackelt an Antonios Kopf herum, sodass es aussieht, als würde der nicken.

„Lass das!", will Amelie sagen, aber Sophie redet einfach weiter: „Wir spielen nämlich, ich wäre eine Prinzessin und du meine Magd", sagt sie.

Amelie weiß nicht, was eine Magd ist, aber sie ahnt nichts Gutes.

„Aalso", sagt Sophie, „Prinzessin Sophie möchte jetzt gerne Kekse. Los, Magd Amelie, hol welche!"

„Warum?", fragt Amelie.

„Weil eine Magd immer alles tun muss, was die Prinzessin will!"

„Das ist ein blödes Spiel", sagt Amelie, „das spiele ich nicht!"

„Ha, das musst du aber, weil ich nämlich Besuch bin, und der Besuch bestimmt!", sagt Sophie.

„Das ist ja zweimal ungerecht", flüstert Antonio Amelie entrüstet ins Ohr. „Da darf Sophie ja zweimal bestimmen, einmal, weil sie Besuch ist, und einmal, weil sie Prinzessin ist!"

„Das ist ungerecht!", schreit Amelie so wütend, dass Mama es hört und ins Zimmer stürzt.

„Was ist denn los? Streitet ihr euch?", fragt sie und guckt dabei aber nur Amelie ernst an.

„Ich wollte doch bloß so gerne Kekse", sagt Sophie und macht ganz runde Kulleraugen.

„Aber natürlich sollst du Kekse haben", sagt Mama sanft zu Sophie. Und zu Amelie streng: „Amelie, komm mit, wir holen welche."

In der Küche sagt Amelie: „Aber Mama, das ist ungerecht, der Antonio meint das auch, weil die Sophie ..."

„Amelie", sagt Mama ganz ruhig, „ich glaube, Sophie ist genauso nett wie du. Wenn du dich nicht so anstellst und einfach mal versuchst, mit ihr zu spielen, wirst du das schon merken."

„Gar nichts werde ich merken, außer dass Sophie blöd ist", murmelt Amelie vor sich hin, als sie zurück in ihr Zimmer geht, Antonio unter den Arm geklemmt und in der Hand den kleinen Teller mit Keksen.

„Oh, danke, Magd!", sagt Sophie, als Amelie den Keksteller unsanft neben ihr aufs Bett wirft.

SCHWUPPS, verschwindet schon der erste Keks in Sophies Mund. SCHWUPPS, gleich danach der zweite.

„Du kamftst auch Kebse essen, Magd", sagt Sophie mit vollem Mund.

Aber Amelie will nicht.

„Na gut", sagt Sophie, als die Kekse alle sind, „dann spielen wir weiter. Gib mir mal den Antonio."

„Waaas?", ruft Amelie entsetzt. „Niemals nicht kriegst du meinen Antonio!"

Aber der sagt plötzlich mit Sophies Stimme: „Ich will zu Prinzessin Sophie, sie ist meine neue Freundin!" Und schon hat Sophie ihn ihr aus der Hand gerissen.

„Das hat Antonio gar nicht gesagt, das warst du selber, du hast nur so getan!", schreit Amelie wütend.

„Gar nicht!", schreit Sophie und schmeißt mit Antonio nach Amelie.

„Wohl!", schreit Amelie und schmeißt Antonio zu Sophie.

„Gar nicht wohl!", brüllt Sophie.

Hin und her fliegt Antonio zwischen den beiden und als sie mal nicht schreien, hört Amelie etwas anderes: Antonio kichert!

„Das Fliegen macht ihm richtig Spaß!", sagt Amelie erstaunt.

„Guck mal, was der noch kann!" Amelie macht einen Trickflug mit Antonio und dann einen doppelten Runddrehsalto. Sophie fängt Antonio auf.

„Meine Damen und Herren, hier sehen Sie den großartigen Flug-Antonio beim Rumfliegen!", ruft Amelie und rennt mit dem fliegenden Antonio so schnell es geht durchs Zimmer.

„Genau!", ruft Sophie und macht das passende Geräusch dazu: „Brrrrmmmmbrrmmm, äähmäähm, brrrrmmmmm!"

So spielen die drei, bis Mama kommt und sagt, dass Kathrin und Sophie wieder nach Hause fahren müssen.

„Nein, noch nicht!", protestiert Amelie.

Aber Sophies Mama Kathrin besteht darauf, dass sie und Sophie nach Hause fahren, denn es ist schon spät.

„Immer wenn es besonders schön ist, ist es plötzlich spät! Das ist doch ungerecht!", flüstert Antonio Amelie ins Ohr.

„Das ist doch ungerecht!", sagt Amelie laut.

„Genau", sagt Sophie, „können Amelie und Antonio dann wenigstens bald zu uns kommen? Dann darf sie bestimmen, dass wir Flug-Antonio spielen, weil sie ja dann der Besuch ist."

„So ganz verstehe ich das zwar nicht, aber wir kommen gerne bald mal", lacht Mama.

Abends im Bett sagt Amelie zu Antonio: „Ich glaube, Sophie ist ein bisschen meine Freundin."

„Meine auch", sagt Antonio, „aber nur ein ganz kleines bisschen!"

Antonio und die weltbeste Verkleidung

Amelie und Antonio freuen sich bestimmt schon seit einer Woche. Im Kindergarten gibt es nämlich bald ein großes Fest. Mit Verkleidung.

Alle Kinder dürfen sich überlegen, was sie sein möchten. Die meisten Jungs wollen sich als Superheld oder Ritter oder Feuerwehrmann verkleiden und die meisten Mädchen als Prinzessin.

„Es gibt doch auch noch andere Kostüme", sagt die Erzieherin Elli. „Warum wollen denn alle Mädchen ausgerechnet Prinzessin sein?"

„Weil meine Lieblingsfarben Lila, Rosa und Glitzer sind!", antwortet Amelies Freundin Tini.

Und Amelie sagt: „Weil Prinzessinnen klug sind und anderen helfen!"

Und Frieda sagt: „Weil Prinzessinnen so schön sind und alle sie lieb haben."

„Weißt du, Antonio", sagt Amelie, als sie wieder zu Hause bei ihm ist, „das wird ganz wunderbar, ich kriege bestimmt ein rosa Kleid und eine Krone und Glitzerschmuck."

„Mmmh", macht Antonio und freut sich gar nicht richtig mit.

„Was ist denn los, Antonio?", fragt Amelie besorgt.

„Und was ist mit mir?", murmelt Antonio traurig.

„Oh, das hab ich beinah vergessen, dir zu sagen!" Amelie drückt Antonio feste und gibt ihm einen Kuss. Und dann erzählt sie ihm, dass er natürlich mitkommt zum Verkleidungsfest im Kindergarten. Weil alle Kinder nämlich Sachen mit-

bringen dürfen, die unbedingt zum Kostüm dazugehören. Also so etwas wie einen Helm, wenn man ein Feuerwehrmann sein will.

„Und wieso gehört ein Nashorn unbedingt zu einer Prinzessinnenverkleidung?", fragt Antonio immer noch traurig.

„Mmh", grübelt Amelie, „bei einem Nashorn fällt mir nix ein, aber viele Prinzessinnen haben doch ein Einhorn!" Amelie freut sich, dass ihr so etwas Schlaues eingefallen ist.

„Ich mache aus dir ein wunderbares Prinzessinnen-Einhorn, mit einer rosa Schleife um dein Horn und einer rosa Schleife um den Bauch."

Das gefällt Antonio erst nicht, doch dann erklärt ihm Amelie, dass Einhörner großartig zaubern können.

Mama findet tatsächlich zwei rosa Schleifen, die sie Antonio umbindet.

Das Kostüm für Amelie ist viel schwieriger zu machen. Mama muss lange an der Nähmaschine sitzen. Aus rosa Stoff wird ein rosa Rock genäht und aus Omas alter rosa Glitzerjacke ein wunderprächtiges Oberteil. Und Amelie kann Mama dazu überreden, in der Stadt eine goldene Krone mit Glitzersteinen für sie zu kaufen!

Amelie und Antonio können es kaum erwarten, dass das Kostümfest endlich losgeht.

Und dann passiert ihnen ausgerechnet einen Tag vor dem tollen Fest ein Unglück. Das heißt, eigentlich passiert es mehr Amelie, aber Antonio ist danach auch sehr unglücklich. Amelie und Antonio probieren nämlich einen Schranksprung aus, der gar nicht einfach ist: Amelie wirft Antonio hoch hinauf auf den Schrank im Kinderzimmer. Der Trick dabei ist, dass Antonio sich ganz schnell an der Oberkante vom Schrank abstößt und direkt in Amelies Arme zurückspringt. Erst nach dem zehnten Mal klappt es beinah: Amelie wirft Antonio hoch, der stößt sich ab, trudelt herum, Amelie versucht ihn zu fangen, und dabei ratscht Antonios Horn Amelies rechtes Auge. „Aua, aua, autschi", weint Amelie.

Schnell wie der Blitz ist Mama im Kinderzimmer. „Oje, Amelie", sagt sie, „tut es sehr weh?"

„Jaaaha", schluchzt Amelie.

„Oho, das tut mir so leid!", flüstert Antonio ihr traurig ins Ohr.

„Nicht reiben, Amelie, das Auge ist ja schon ganz rot! Wir gehen mal besser zum Augenarzt", sagt Mama.

In der Praxis ist es total spannend. Amelie muss sich vor einen Apparat setzen und das Kinn in eine Kuhle legen, damit die Ärztin in Amelies Auge leuchten kann.

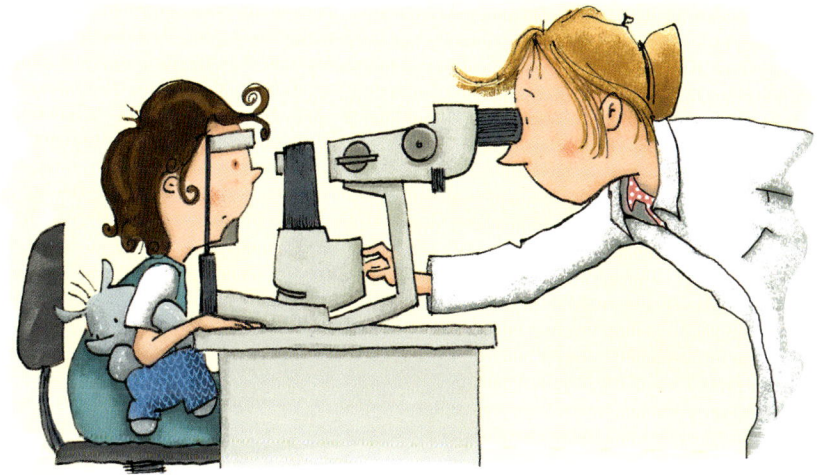

„Dann kann ich besser sehen, was in deinem Auge so los ist", sagt Frau Dr. Schmitz.

Antonio hat etwas Angst und obwohl Mama und die Ärztin ihm sagen, dass keiner Amelie wehtun wird, kann er nicht zugucken und versteckt seinen Kopf unter Amelies Arm.

Aber Amelie hält tapfer die Augen auf und versucht, nicht zu blinzeln.

„Die Hornhaut in deinem Auge ist ein bisschen verletzt", stellt Frau Dr. Schmitz fest. „Das ist nicht schlimm, aber es tut dir weh. Etwas Salbe drauf, und in ein paar Tagen ist alles wieder in Ordnung."

Erst im Kinderzimmer zu Hause fällt Amelie ein, dass gar nichts in Ordnung ist. „Antoonioo!", ruft sie verzweifelt. „Morgen ist doch das tolle Fest im Kindergarten und ich geh doch als Prinzessin!"

„Ja, genau", antwortet Antonio.

„Aber Antonio, das sieht abscheulich aus, eine Glitzerprinzessin mit einem roooten Auge!"

„Beweisen!", sagt Antonio und Amelie zieht ihr Kostüm an. Es glitzert und funkelt ganz wunderbar in Rosa und Antonio sagt: „Das ist aber doch wunderschön, das Kleid!"

Amelie stellt sich vor den Spiegel und will das selbst sehen. Es stimmt, das Kleid ist immer noch wunderschön, aber Amelie sieht nur das rote Auge. Auch mit der Krone auf dem Kopf gefällt sie sich überhaupt nicht.

Antonio kann das gar nicht verstehen! Gestern haben ihr das Kleid und die Krone so gefallen, was macht denn das bisschen rote Auge aus?

„Bisschen rot?", heult Amelie. „Das ist ein olles Auge!"

Amelie weint und will sich gar nicht mehr beruhigen. Antonio versucht sie aufzuheitern. Er macht Nasenstand und Purzelbäume, aber es hilft nichts.

Da endlich kommt Antonio die rettende Idee: „Duhu, Amelie? Wenn man eine Augenklappe übers Auge macht, so 'ne schwarze, merkt man das rote Auge nicht und du könntest wie ein echter Pirat aussehen. Ich find ja, Piraten sind ganz großartig und sehr mutig."

„Stimmt!", schnieft Amelie. „Komm mit, Antonio, das sagen wir Mama."

Und dann erklärt sie Mama alles. Dass sie unmöglich eine Glitzerprinzessin sein kann und dass sie und Antonio jetzt viel lieber Piraten sein möchten.

„Ach, Amelie, mein Mädchen, du kannst dich aber auch anstellen!", seufzt Mama. „Jetzt habe ich dir so was Schönes genäht und du willst das Kostüm nicht mehr anziehen!"

„Aber Mama, du musst gar nicht viel machen", Amelie redet ganz schnell und ganz laut, „ich brauch nur dein rotes Seidentuch und für Antonio haben wir auch schon überlegt, dass mein alter roter Schal reicht! Und dann brauchst du nur zwei schwarze Piratenaugenklappen zu nähen, eine für mich und eine für Antonio. Bitte, bitte, bitte! Ich will dann auch niemals nicht ein anderes Kostüm. Nie im Leben!"

„Na, das werden wir noch sehen", lächelt Mama, „auf jeden Fall wirst du im nächsten Jahr Prinzessin, so viel steht fest, bei der Mühe, die ich mir mit deinem Kostüm gegeben habe!"

„Ja, ja! Versprochen! Versprochen!", jubelt Amelie und hüpft mit Antonio im Kreis herum.

Mama setzt sich tatsächlich wieder an die Nähmaschine und schneidert ihr eine Augenklappe. Die ist aus schwarzem Stoff und ganz rund. Mit einem Gummiband kann Amelie sie über den Kopf ziehen. Ganz genau die gleiche Augenklappe in klein bekommt auch Antonio.

Die beiden verkleiden sich und dann wird Papa gerufen, damit er sie bewundern kann: Piratin Amelie hat ihren gestreiften Schlafanzug an und um den Kopf herum Mamas rotes Seidentuch.

Mit der großen schwarzen Augenklappe sieht sie, wenn sie ernst guckt, wie ein ganz mutiger Pirat aus.

„Ich bin stolz auf dich, meine Amelie", sagt Papa. „Ich dachte schon, du wirst eine unglückliche Prinzessin, die die ganze Zeit jammert."

„Pff", macht Amelie, „eine echte Piratin jammert niemals nicht!"

„Hmhm", räuspert sich Mama, der Amelies Gequengel von eben wieder einfällt.

Am nächsten Tag im Kindergarten ist alles großartig: Der Antoniopirat wird von allen sehr bestaunt und die Piratin Amelie wandert stolz zwischen den Feuerwehrmännern, Superhelden und Prinzessinnen herum. Und sie sagt zu Elli: „Guck mal, wie gut alles geworden ist. Meine Lieblingsfarbe ist Rot, so wie mein Tuch, und Piratinnen sind mutig, finden Schätze und sind mindestens so schön wie Prinzessinnen."

„Und Nashornpiraten sind noch seltener und mutiger als Einhörner!", flüstert Antonio Amelie zu und macht einen gehörigen Purzelbaum.

Antonio und der Geburtstag

Amelie ist bei ihrem besten Freund Ole zum Geburtstag eingeladen. Natürlich kommt Antonio mit. Amelie und Antonio haben wunderbare Geschenke für Ole, eine Trillerpfeife und ein selbst gemaltes Bild. Auf dem Bild sieht man Ole und Amelie, wie sie auf einem Trampolin hüpfen.

Und wenn man das Bild umdreht, sieht man Antonio, wie er im Gras sitzt und lacht.

Der hat vorne nämlich nicht mehr draufgepasst, weil das Trampolin zu groß ist.

„Papa, beeil dich doch", jammert Amelie.

Aber Papa trödelt herum!

„Ich brauch noch eine Minute", sagt er und tippt weiter auf der Computertastatur.

„Das ist aber eine lange Minute!", flüstert Antonio Amelie zu, nachdem die beiden voller Ungeduld schon mal raus in den Hausflur gerannt sind, gewartet haben und gewartet und gewartet und dann wieder zu Papa zurückgerast sind.

„So, fertig, meine Amelie!", sagt Papa endlich. Aber dann dauert es noch mal ganz lange, bis er seine Schuhe angezogen hat. Und dann muss Papa sein Rad noch aus dem Keller holen und Amelie und Antonio auf dem Kindersitz verstauen.

„Juhuuu, jetzt geht's los!", jubeln Amelie und Antonio und der starke Papa fährt so schnell er kann, um die verlorene Zeit wieder einzuholen.

Endlich kommen sie bei Ole an.

„Hoffentlich haben wir nicht das Beste schon verpasst!",

sorgt sich Amelie und Papa sagt: „Das hoffe ich auch! Aber weißt du was? Das Beste kommt immer zum Schluss. Also seid ihr das Beste!"

Amelie klingelt an der Tür. Oles Mama macht auf. „Oh, Amelie, das ist aber schön, dass du doch noch kommst. Geh einfach durch in den Garten."

„Viel Spaß, ihr zwei!", sagt Papa und flitzt mit dem Fahrrad davon.

„Komm mit, Antonio, ich weiß genau, wo der Garten ist", sagt Amelie.

„Phh", sagt Antonio, „das ist ja auch einfach! Ich könnte den Garten mit geschlossenen Augen finden, da muss man nur dem Krach folgen!"

Das stimmt: Amelie hört lautes Gerufe und Gelache.

„Das hört sich nach einem mächtig großartigen Geburtstagsfest an", sagt Antonio und Amelie beeilt sich.

Im Garten, am bunt gedeckten Tisch, sitzen jede Menge Jungs. Das heißt, manche sitzen, aber die meisten stehen und einer, Nils, steht sogar auf einem Stuhl.

„Sind hier denn keine Mädchen?", flüstert Amelie Antonio zu.

„Nö", flüstert der zurück, „aber dafür genügend Jungs!"

Und die Jungs werfen wie wild mit den kleinen Löffeln um sich, die eigentlich zum Kuchenessen gedacht waren.

Kuchen ist auch fast keiner mehr da, bis auf ein kleines, matschiges Stück.

„Wo ist denn Ole?", ruft Amelie laut.

„Unterm Tisch, Löffel suchen", sagt Nils.

Amelie und Antonio krabbeln unter den Tisch.

„Herzlichen Glückwunsch", sagt Amelie, „hier sind deine Geschenke!"

„Danke", sagt Ole knapp und dann ruft er: „Ich hab ihn!", und klettert mit einem Löffel in der Hand unter dem Tisch hervor, ohne die wunderbaren Geschenke mitzunehmen.

„Das muss ein tolles Spiel sein, das die da spielen, wenn man vergisst, sein Geschenk auszupacken", vermutet Antonio.

„Das glaube ich auch", sagt Amelie und die beiden tauchen blitzschnell unter der Tischdecke hervor.

„Was spielt ihr da?", fragt Amelie, aber niemand antwortet.

Stattdessen schreien die Jungs laut: „Ole, Ole, Ole!", und: „Wirf den Löffel zu mir, Ole!"

Oles Hund Pelle bellt laut dazu und springt auf der Wiese herum.

„Können wir mitspielen?", ruft Amelie ganz laut.

„Das ist ein Jungenspiel!", ruft Leo zurück und rennt durch den Garten. Dabei wirft er Ole um, klaut ihm den Löffel und schmeißt ihn auf den Tisch. „Treffer!", schreit er.

Ole klopft sich die Hose ab, was wenig hilft, denn die hat auf jedem Knie einen dicken grünen Grasfleck, und ruft: „Jetzt du, Nils!"

Nils läuft mit einem Löffel in der Hand über die Wiese. Max tanzt um Nils herum und klaut ihm den Löffel. Dann rennt er zum Tisch, legt den Löffel darauf und schreit: „Treffer!"

„Ich weiß jetzt, wie das Spiel geht", sagt Amelie, „man muss die Löffel von den anderen klauen und auf den Tisch legen!"

„Und man muss ganz laut schreien!", sagt Antonio.

„Ole, ich will mitspielen!", ruft Amelie.

Aber Ole antwortet nicht.

Stattdessen ruft Leo ganz laut: „Das ist kein Spiel für Mädchen mit Kuscheltieren!"

„Das ist kein Kuscheltier, das ist mein allerbester Freund Antonio!", ruft Amelie wütend und alle Jungs lachen.

Ole auch. Ganz laut.

Da setzt sich Amelie traurig mit Antonio hinter einen Baum, sodass man sie fast gar nicht mehr sieht.

„Sogar Pelle darf mitspielen, nur wir nicht", murmelt Amelie.

„Sollen wir nach Hause gehen?", fragt Antonio und Amelie nickt.

Gerade will sie aufstehen, da erscheint ein liebes Gesicht neben dem Baumstamm. Es ist von Oles Mama!

„Was ist denn hier los, Amelie?", fragt sie. „Bist du traurig?"

Amelie nickt und dann erzählt sie von der großen Auslacherei und dem Jungenspiel und davon, dass Antonio kein Kuscheltier ist.

„Alle mal herhören", ruft Oles Mama, „das kann doch wohl nicht wahr sein, dass ein Kind auf einer Geburtstagsfeier traurig ist! Das komische Löffelspiel ist jetzt mal zu Ende. Und damit Amelie wieder fröhlich wird, darf sie das nächste Spiel aussuchen."

„Fußball!", ruft Amelie direkt, denn das ist ihr Lieblingsspiel.

Und dann wird alles ganz wunderbar, obwohl Leo leise sagt: „Das ist doch auch kein Mädchenspiel …"

Da hat er sich aber sehr geirrt! Amelie kickt den Ball über die Wiese wie eine Weltmeisterin.

„Die ist gut!", murmelt Nils und schubst Amelie zur Seite.

„Stopp, Foul!", schreit Ole, der Schiedsrichter. „Amelie hat den Ball!"

„Du musst gar nicht schreien, Ole, du hast doch eine Trillerpfeife!", ruft Amelie ihm außer Atem zu.

„Was? Wo denn?", fragt der verblüffte Ole zurück.

„Na, unterm Tisch. Geschenk von Antonio und mir!" Amelie lacht.

Alle sind sich einig, dass die Trillerpfeife ganz besonders gut trillert, und Ole sagt ganz laut: „Cool, danke, Amelie!"

Und Amelie schießt vor Freude ein Tor nach dem anderen.

Auf dem Balken vom Tor sitzt Antonio und ist stolz auf sie und die Jungs können nur staunen!

„Das kommt davon, dass Antonio ein Fußballfan ist", sagt Amelie, „und ich war mit Papa und Antonio schon bei einem richtigen Fußballspiel."

Viel zu schnell ist der Nachmittag zu Ende, finden alle.

Leo sagt zum Abschied: „Zu meinem Geburtstag kann Amelie auch kommen — mit Antonio!"

Und Ole leiht Antonio seinen Fußballschal, weil er der größte Fußballfan ist, den Ole kennt!

Antonio und Opas Überraschung

Amelie fährt übers Wochenende mit Mama und Papa und Antonio zu Oma und Opa. Die wohnen nur eine Stadt weiter und sind Papas Eltern. Komisch findet es Amelie, dass Papa auch eine Mama und einen Papa hat, wo er doch gar kein Kind ist. Aber Papa hat ihr erklärt, dass er auch mal ein kleines Kind war, so wie Amelie. Und dass er immer noch Omas und Opas Junge ist. Nur eben schon groß.

Amelie kann sich am besten vorstellen, dass ihr Opa mal ein kleiner Junge war, denn er hat genauso Lust am Toben wie Amelie und Antonio.

Das ist nämlich so: Opa hat in seinem großen Garten viele Apfelbäume. Wenn die Äpfel reif sind, müssen Amelie und Antonio Opa unbedingt dabei helfen, die Äpfel am Boden zu suchen und in den Korb zu legen.

Und Opa hat einen Rasentraktor, mit dem er wie wild durch den Garten düst.

„Aufgepasst und mitgemacht!", ruft er dann laut und Amelie und Antonio klettern neben ihn und fahren mit.

Diesmal kommt Amelie an und Opa kann es kaum erwarten, ihr zu zeigen, was er Großartiges gekauft hat: ein Kinderkarussell! Es steht im Garten und sieht ein bisschen alt, aber auch ein bisschen schön aus! Mit einem Pferd, das so klein ist wie Oles Hund Pelle, einer Giraffe mit sehr schiefem Hals und einem Elefanten, bei dem leider der halbe Rüssel ab ist.

„Fehlt nur noch ein Antonio!", stellt Amelie fest und setzt sich mit ihm auf den Elefanten.

Opa steckt einen riesengroßen Stecker in die Steckdose außen am Haus und los geht's.

„Zu langsam!", beschwert sich Antonio bei Amelie.

„Schneller!", jubelt Amelie.

„Aufgepasst und mitgemacht!", ruft Opa. „Festhalten!" Und dann dreht sich das Karussell etwas schneller.

„Schneller!", rufen Antonio und Amelie.

„Schneller geht nicht", sagt Opa, „mehr gibt der Motor nicht her."

Und dann muss Antonio sehr wild wackeln, damit es vielleicht doch schneller geht, und Amelie wackelt mit.

Antonio springt im vollen Schwung aus Amelies Arm und ... landet auf dem krummen Hals der Giraffe.

„Hurra!", jubelt Amelie, aber so prima ist es doch nicht, denn Antonio rutscht ab und fällt ins Gras.

„Autschi!", ruft er.

Amelie will abspringen, aber Opa ruft: „Halt! Noch nicht!"
Er zieht den Stecker raus und das Karussell stoppt.

Amelie und Opa schauen nach Antonio.

„Nix passiert", murmelt der etwas benommen Amelie zu, aber ein bisschen ist doch passiert: Antonios Hose hängt am krummen Hals der Giraffe.

Das heißt, nur eine Hälfte, die andere Hälfte hat Antonio noch an.

Jetzt muss Antonio beinahe weinen, und Amelie auch.

„Nehmen Sie's wie ein Mann, Madam! Das reparieren wir später!", ruft Opa.

„Später", stimmt Amelie mit ein. „Und was machen wir jetzt?"

„Jetzt sammeln wir Holz für ein Lagerfeuer, damit überraschen wir Oma, Papa und Mama."

Opa hat immer die besten Ideen! Auch Antonio ist jetzt wieder fröhlich, ein Lagerfeuer hört sich nach einem tollen Abenteuer an.

Die drei sammeln und sammeln und sammeln. Äste und Stöcke, die im Garten unter den Bäumen liegen. Der große Haufen wächst und wächst.

Schließlich sagt Opa: „Das reicht jetzt."

„Los, dann machen wir das Feuer an!", jubelt Amelie, und Antonio ist total einverstanden damit.

Aber Opa meint, so richtig, richtig schön ist ein Lagerfeuer erst, wenn es drum herum ganz dunkel ist: abends. Dann sieht man erst, wie hell es leuchtet. Und obwohl Antonio ungeduldig ist und Amelie ins Ohr flüstert: „Phhhh! Mir doch egal! Ich finde ein Lagerfeuer im Hellen auch toll!", gibt Amelie Opa recht. „Weißt du, Antonio, manchmal muss man warten, damit etwas besonders schön wird!", sagt sie und singt Antonio ein selbst gedichtetes Feuerlied vor, damit ihm das Warten nicht so schwerfällt. Das Lied geht so: „Lalala, Lagerfeuer ist wunderbar! Lalalu, guck mal zu!"

Und weil das Lied so schön ist, macht Antonio zu Amelies Gesang den schönsten Feuertanz, den er kann.

Antonio und der kleine Papa

Später sitzen alle zusammen am Lagerfeuer und Mama spielt Gitarre. Oma flickt Antonios Hose und Amelie hält Antonio dicht ans Feuer, damit er ja nicht friert.

„Oma, erzähl doch mal was über Papa, als der noch klein war!", sagt Amelie.

Oma lässt sich nicht lange bitten. „Weißt du noch, wie du mal den Schlüssel verloren hast?", fragt sie Papa.

Papa nickt und schmunzelt.

„Das war nämlich so", fährt Oma fort. „Ich war allein zu Hause mit deinem Papa, der damals noch ganz klein war. Und ich hatte die Haustür abgeschlossen, weil die Tür sonst so geklappert hat. Dein kleiner Papa hat im Flur gespielt und als ich mich nach ihm umgeguckt habe, hatte er sich seine Mütze falsch herum aufgesetzt und einen Arm in sein Mäntelchen gesteckt. Er wollte nach draußen, das war klar. Also habe ich mich auch fertig gemacht, aber als ich die Haustür aufmachen wollte, fehlte der Schlüssel im Schlüsselloch! Ich habe deinen kleinen Papa gefragt: ‚Sag mal, wo ist denn der Schlüssel hin? Hast du den versteckt?' Und dein kleiner Papa hat gerufen: ‚Wo denn is, wo denn is?', und hat in die Luft geguckt. Der war wirklich keine große Hilfe beim Suchen!"

„Typisch." Mama kichert.

„Wie geht denn die Geschichte weiter?", fragt Amelie.

„Na ja", sagt Oma, „wir haben warten müssen, bis Opa von der Arbeit kam und uns die Tür wieder aufgeschlossen hat. Den Schlüssel, den dein kleiner Papa versteckt hat, haben wir erst im Winter wiedergefunden. Da hat Opa seine Stiefel aus dem Schuhregal geholt und ist beim Anziehen auf den Schlüssel getreten. Der war nämlich in dem Stiefel drin."

Alle lachen sehr, auch Papa, aber dann sagt er: „Das sind jetzt aber genug Geschichten über mich!"

„Ohhh", macht Amelie enttäuscht, und darum erzählt Opa eine Geschichte über sich, als er noch ein Junge war.

„Ich habe mir immer gewünscht, ich könnte fliegen", sagt Opa. „Und einmal habe ich gedacht, ich schaff das auch. Bei uns auf der Dorfstraße gab es zwei knorrige Bäume, die standen ziemlich nah beieinander. Da bin ich tatsächlich von dem Ast von einem Baum auf den Ast vom anderen Baum gesprungen und das hat sich wirklich wie Fliegen angefühlt. Ganz kurz, denn dann ist der Ast abgebrochen und ich bin runtergefallen. Eine dicke Beule hatte ich hinterher am Kopf!"

„Antonio ist auch geflogen, als Sophie da war", sagt Amelie. „Der hat sogar einen Runddrehsalto gemacht, guck, Opa, so!" Amelie macht den Runddrehsalto mit Antonio vor und der sieht genauso zufrieden aus wie Opa eben, als er von seinem Flug erzählt hat.

Als es spät wird und das Feuer langsam ausgeht, sagt Oma: „So, gute Nacht allerseits! Ab ins Bett!"

„Antonio will noch gar nicht ins Bett!", ruft Amelie.

„Ich auch nicht!", rufen Papa und Opa gleichzeitig.

Mama lacht. „Ich finde, der kleine Opa und der kleine Papa sollten jetzt ins Bett gehen."

„Nur die große Amelie darf noch aufbleiben!", sagt Amelie und grinst. „Und Antonio!"

Antonio und das Ritteressen

Als Mama Amelie aus dem Kindergarten abholt, fällt es Amelie sofort auf: Mama spricht so komisch, mit einer ganz kratzigen Stimme.

„Antonio findet, du hörst dich ganz wunderbar anders an", sagt Amelie. „Wie wenn du einen Kratzeschwamm verschluckt hättest."

„So fühle ich mich auch!", seufzt Mama. „Ich habe fast nicht arbeiten können heute."

Zu Hause angekommen, legt sie sich erst einmal aufs Sofa.

Das findet Amelie sehr langweilig, denn eigentlich hatte Mama ihr versprochen, mit ihr und Antonio *Arme Ritter* zu kochen. Das ist ein ganz besonderes Essenkochen, weil da nämlich ein Spiel dazugehört. Und Mama macht das nur, wenn sie wirklich Zeit hat. Es ist Antonios absolutes Lieblingsspiel. Und das geht so: Mama legt eine dicke graue Decke über den Esstisch — und sofort sieht der Tisch wie eine Burg aus!

Ritter Antonio und Ritterin Amelie stehen oben auf der Burg und versuchen mit wildem Gefuchtel und Geschrei, den fiesen Drachen zu verscheuchen.

Mama kann ganz wunderbar ein Drache sein! Sie faucht dann und schnaubt, springt hoch und schmeißt sich auf den Boden und sagt mit gruseliger Stimme: „Gleich habe ich euch und dann entführe ich euch in meine Höhle!"

Antonio und Amelie werden als Gefangene unter den Tisch gesetzt und Mama kommt mit dem *Arme-Ritter*-Essen, das unbedingt in der Höhle gegessen werden muss.

Gemacht wird das aus Zwieback, Milch und aufgeschlagenen Eiern. Der Zwieback wird in Milch und Ei getunkt und dann in der Pfanne gebraten. Mmh, lecker!

Und weil es nun mal Antonios absolutes Lieblingsessen ist, muss er jetzt auch leider auf Mama draufspringen und zusammen mit Amelie rufen: „Drahache, Drahache, werd jetzt schnell gesund!"

„So geht das nicht", jammert Mama, „lasst mich doch bitte ein bisschen ausruhen."

Zum Glück ist Amelie vernünftiger als Antonio. „Komm, Antonio, wir gehen ins Kinderzimmer. Ich glaube, Mama muss schlafen, damit sie wieder gesund wird!"

„Gut erkannt, Amelie, mein Mädchen!", sagt Mama mit einem kleinen Lächeln. „Das mit dem *Armen Ritter* müssen wir leider verschieben, fürchte ich. Papa macht euch aber bestimmt etwas zu essen, wenn er nachher nach Hause kommt. Versprecht ihr mir, dass ihr so lange keinen Unsinn macht?" Mama hustet.

„Na klar", sagt Amelie und guckt dabei sehr erwachsen. Antonio nickt ein bisschen.

Die beiden gehen aus dem Wohnzimmer und kaum hat Ame-

lie die Tür zugezogen, fängt Antonio schon an zu maulen. „Mir ist laaangweilig! Und ich hab Hunger! Ich will *Arme Ritter* essen und ich will im Burgverlies sitzen. Und Mama soll gesund sein und mitspielen!"

„Also wirklich, Antonio!", sagt Amelie und hört sich dabei fast so an wie Mama, wenn sie ernst mit ihr spricht. „Du bist doch wohl alt genug, auch mal ohne Mama ganz alleine mit mir zu spielen!"

„Ich will nicht mit dir alleine spielen! Ich hab mich so auf den *Armen Ritter* gefreut. Und wenn sich einer freut und dann wird das nicht gemacht, dann ist das gemein. Und langweilig", schnauft Antonio.

„Schade, dass du nicht mitspielen willst, ich hab nämlich eine gute Idee", sagt Amelie.

„Sag doch mal, was denn?", bringt Antonio hervor.

Er lugt unter Amelies Arm hervor und sieht schon ein bisschen weniger brummelig aus.

„Na, wir können doch Kochen spielen, also wirklich, in echt. Und dann machen wir selber *Arme Ritter!*", platzt Amelie mit ihrer Idee heraus.

Antonio findet das eine sehr gute Idee. Kochen können sie beide bestimmt auch alleine, schließlich haben sie oft genug Mama dabei zugeschaut!

„Aber zuerst brauchen wir eine richtige Ritterküche!" Darauf besteht Antonio.

Und Amelie findet das auch völlig wichtig. Sie schleichen zurück ins Wohnzimmer und holen die dicke graue Decke vom Sofa unter Mamas Füßen hervor.

Zum Glück schläft Mama so fest, dass sie es fast nicht bemerkt. Sie dreht sich nur mit einem „Mmh" einmal herum und schläft weiter.

„Geschafft", flüstert Antonio.

Sie schleichen zurück in die Küche. Amelie klettert auf den Stuhl und zieht an der Decke.

„Phh, Antonio, ist die schwer!", stöhnt sie.

Aber weil Antonio sich so sehr eine Ritterküche wünscht, gibt Amelie nicht auf, sie zieht und ruckelt an der Decke und schafft es tatsächlich, sie über den Küchentisch zu legen. Fertig ist die Ritterküche!

Amelie und Antonio stellen zwei Suppenteller darauf. In den einen legen sie den Zwieback, in den anderen gießen sie die Milch.

„Das ist irrsinnig schwer", erklärt Antonio, „man muss nämlich genau zielen und treffen und die Milchflasche wackelt ganz schön hin und her."

Kein Wunder, dass etwas danebengeht!

Und dann kommt das Allerschwierigste: Das Ei muss aufgeschlagen werden. Die Schale ist so rutschig. SCHWUPPS, flutscht es Amelie aus den Fingern und fällt in den Teller. Der kippt um und Antonio hat einen Milchfleck auf dem Rücken. Einen ganz großen.

Amelie versucht ihn abzulecken und dann mit dem Handtuch abzuputzen, aber Antonio ist zu kitzelig.

Oje, und dann sind Amelie und Antonio plötzlich ganz müde und die Küche sieht überhaupt nicht mehr schön aus. Zum großen Pech fällt Amelie auch noch ein, dass sie ja gar nicht an den Herd dürfen.

Und ohne Herd kein Braten in der Pfanne, das ist doch klar! So ein Mist!

Zum Glück hat Antonio eine gute Idee: Ein kranker Drache braucht ein Essen für Kranke! Und da fällt Amelie ein, wie man Essen für Kranke sehr gut ohne Herd kochen kann!

Als sie nämlich mal krank war, hat Mama ihr Zwieback mit Banane gemacht. Jetzt geht alles ganz schnell.

Banane schälen kann Amelie schon richtig gut und der Zwieback ist ja zum Glück fast heile geblieben, nur etwas matschig ist er von der Milch.

Amelie und Antonio drücken die Banane in kleine Stücke

und verteilen sie auf den matschigen Zwieback. Fertig ist das Essen für kranke Drachen! Stolz laufen sie mit dem Teller zu Mama, die immer noch auf dem Sofa schläft.

Sie wird aber sofort wach, weil Amelie und Antonio sich so laut über das gute Essen freuen. Mama probiert auch gleich ein bisschen. „Es kratzt fast gar nicht mehr im Hals", sagt sie, „weil der Zwieback so schön matschig ist."

Als Papa nach Hause kommt, wundert er sich sehr über das Durcheinander in der Küche.

Aber Mama kann das erklären: „Die beiden haben mich so wunderbar eine Stunde lang schlafen lassen und dann noch ein feines Essen für mich gemacht."

„Ja", stimmt Amelie zu, „wir können uns ganz prima um kranke Drachen kümmern und Antonio ist ein ausgezeichneter Koch!"

Papa lacht und meint: „Ein richtig guter Koch kann auch richtig gut die Küche wieder aufräumen."

Das tun Amelie und Antonio auch — zusammen mit Papa.

Antonio und die Monsterkissen

Es ist schon spät. Amelie und Antonio liegen im Bett.
„Mama!", ruft Amelie. „Du musst noch die Geschichte erzählen!"

„Ich komm ja schon!", ruft Mama zurück.

Mama erzählt Amelie und Antonio nämlich jeden Abend eine Geschichte vom kleinen Mäuserich und seiner Mäuseoma. Die wohnen bei Amelie im Fahrradkeller und Amelie macht sich viele Gedanken darüber, wie es denen so geht.

„Also los", sagt Mama und setzt sich auf Amelies Bettkante.

„Der kleine Mäuserich und seine Mäuseoma haben heute nicht viel zusammen gemacht. Die Mäuseoma hat nämlich auf nichts Lust gehabt und darum hat der kleine Mäuserich alles alleine erledigt: Er hat geputzt, er hat nach Käse gesucht und er hat sogar Wollreste fürs Nest gefunden. Die Mäuseoma hat sich sehr darüber gefreut und jetzt schlafen die beiden. Und du solltest das auch tun, Amelie. Gute Nacht."

„Waaas? Was ist denn das für eine Geschichte?", ruft Amelie entsetzt. „Die ist ja ganz kurz! Mama, die Geschichte soll lang sein, sonst kann ich nicht einschlafen!"

„Mehr ist nicht passiert", sagt Mama, „und es ist auch schon spät!"

„Bestimmt hat Mama einfach keine Lust zu erzählen!", flüstert Antonio Amelie ins Ohr.

„Du hast einfach keine Lust, Mama!", ruft Amelie laut und Mama lacht: „Damit könntest du recht haben, Amelie. Es war ein langer Tag! Gute Nacht, Amelie, gute Nacht, Antonio."

Mama gibt Amelie einen Kuss und streichelt Antonio über den Kopf. Dann geht sie aus dem Zimmer und schließt vorsichtig und leise die Tür.

„Da ist bestimmt noch viel mehr passiert beim Mäuserich!", sagt Amelie zornig.

„Was denn?", fragt Antonio.

„Das weiß ich ja nicht", Amelie tritt mit beiden Beinen gegen die Bettdecke, „weil Mama das ja einfach nicht erzählen wollte!"

„Wir können uns doch selber was ausdenken, was passiert ist", schlägt Antonio vor.

„Aber das wäre dann nicht in echt!" Amelie ärgert sich plötzlich über alles. Dass es Abend ist, dass Mama so gemein war mit der kurzen Geschichte, sogar über Antonio ärgert sie sich, obwohl sie gar nicht weiß, warum. Am besten, sie macht einfach die Augen zu und tut so, als ob sie schlafen würde.

Jetzt, wo Amelie nichts mehr sagt, fängt Antonio wieder an zu reden.

„Duhu, kann ich auf der anderen Seite schlafen? Da sieht es so gemütlich aus!"

Amelie hebt ihn über sich rüber auf die andere Seite vom Bett.

Gerade will sie einschlafen, da hört sie Antonio schon wieder. „Duhu, Amelie, ich will doch lieber auf der anderen Seite schlafen, von hier sieht man die Tür ja gar nicht!"

„Ach, Antonio!", sagt Amelie streng und hebt ihn wieder zurück.

„Zufrieden?", fragt sie.

„Mmhmm", sagt Antonio.

Amelie schiebt sich das Kopfkissen zurecht und versucht einzuschlafen. Da plötzlich kitzelt sie was. Antonio!

„Lass das!", sagt Amelie.

„Ich dachte, du findest das lustig", sagt Antonio, aber Amelie antwortet nicht.

Und da sagt Antonio auch nichts mehr.

Plötzlich, gerade als Amelie denkt, dass er eingeschlafen ist, schreit Antonio: „Hilfe, ich habe einen bösen Traum!"

Amelie tröstet ihn: „Ist ja gut, ich bin ja bei dir! Schhh!"

Aber Antonio lässt sich nicht beruhigen. „Hilfe, Hilfe!", ruft er. „Wo sind Mama und Papa?"

Also nimmt Amelie ihn mit ins Wohnzimmer, wo Mama und Papa sitzen.

„Amelie, mein Mädchen, was ist denn los? Seit einer halben Stunde sollst du schon schlafen!", sagt Mama.

„Ja", meint Amelie, „aber Antonio hatte einen bösen Traum! Dürfen wir noch ein bisschen hierbleiben?"

Amelie schielt auf den Fernseher. Es sieht ziemlich spannend aus, was da passiert.

„Das geht nicht, meine Amelie", sagt Papa. „Das ist ein Krimi und der ist viel zu spannend für Kinder. Ihr könnt dann vor

lauter Aufregung hinterher nur noch schlechter schlafen. Geht lieber wieder ins Bett! Und Antonio braucht keine Angst zu haben, Mama und ich sind ja hier."

Amelie seufzt. Am liebsten hätte sie noch ein bisschen gebettelt, aber sie weiß, dass das nichts nutzt.

Also stapft sie mit Antonio unter dem Arm über den Flur in Richtung Kinderzimmer. „Tja", sagt sie, „dann müssen wir wohl ins Bett gehen und schlafen."

„Müssen wir überhaupt gar nicht!", sagt Antonio. „Ich weiß etwas Besseres! Wir spielen selber Fernsehen. Und dann machen wir einen Krimi und ich wäre der Komische."

„Kommissar heißt das", belehrt Amelie ihn, „und ich wäre dann aber auch einer!"

„Was macht ein Kommissar denn überhaupt?", fragt Antonio.

Das weiß Amelie genau. „Der ist total wichtig", sagt sie, „der muss alle Menschen beschützen und die Bösen festnehmen. Und dann muss er sie fragen, warum sie so böse sind, damit er sie ins Gefängnis tun kann."

„Woher weißt du das alles?", fragt Antonio sie bewundernd.

„Von Oles Bruder. Der hat schon mal einen Krimi geguckt und hat das gesagt. Oles Bruder weiß alles!"

„Oles Bruder ist ziemlich mutig", meint Antonio.

„Ja", sagt Amelie, „aber ich bin noch viel mutiger! Wetten, dass ich sogar Monster festnehmen kann?"

„Beweisen!", ruft Antonio.

Und da kommt Amelie die Idee mit den Monsterkissen. Leise schleichen sie und Antonio in Mamas und Papas Schlafzimmer, weil da die größten Kissen liegen.

„Pass auf, Antonio, die Kissen von Papa und Mama wären jetzt mal Monsterkissen. Und die könnten ganz gruselig sagen: ‚Uhuhiiii, ich bin ein Monster!', und das sollen die ja nicht, damit Mama und Papa nachher gut schlafen können. Deshalb müssen wir die festnehmen, weil wir die Kommissare sind."

„Prima Idee", findet Antonio und schon geht es los.

„Uiih, ich bin ein Monsterkissen", brummt das große gelbe Kissen mit den blauen Punkten mit Amelies Stimme.

„Uhiii, und ich bin noch ein Monsterkissen", brummt das große blaue Kissen mit den gelben Punkten und hört sich dabei so an wie Antonio.

„Monsterkissen!", schreit Amelie und springt zusammen mit Antonio in das große Bett.

Obwohl die Kissen groß und dick sind, sind Kommissarin Amelie und Kommissar Antonio stärker und nehmen sie feste fest.

„Wir sind sehr gute Kommissare", findet Amelie und Antonio kugelt sich vor Lachen im Bett herum.

„Wollt ihr wieder liebe dicke Kissen sein?", fragt Amelie streng und die Kissen halten ganz still. Aber dann fangen sie doch wieder an, „Uhhiii" und „Uuhhuu" zu brummen.

Und wieder müssen sie feste festgenommen werden. Diesmal wirft sich Amelie auf das eine Kissen und Antonio hält das andere Kissen mit allen vier Pfoten am Zipfel fest.

„Alles in Ordnung, Kommissarin Amelie?", fragt er.

„Alles in Ordnung, Kommissar Antonio!"

„Aber mein Kissen zappelt noch rum", sagt Antonio.

„Warte, ich helfe mal", antwortet Amelie und wirft sich auf Antonios Kissen. So doll, dass Antonio aus dem Bett fällt.

„Oh, Kommissar Antonio, du bist in den Graben gefallen, ich rette dich!" Amelie krabbelt an den Bettrand und zieht Antonio an seinem Horn vom Teppich zurück ins Bett.

Das Spiel ist ziemlich anstrengend und irgendwann müssen Amelie und Antonio beim Festnehmen eingeschlafen sein. Jedenfalls merkt Amelie kaum, dass Mama sie sanft hochhebt und in ihr eigenes Bett trägt.

„Komischer Kommissar", murmelt Amelie, als Mama ihr Antonio in den Arm drückt.

Antonio und die weite Reise

Juhu, Amelie und Antonio fahren heute zu Oma und Opa. Mama bringt sie hin und sie bleiben den ganzen Tag da. Nur Amelie und Antonio.

Mama klopft an der Haustür. Das kleine gelbe Haus von Oma und Opa hat ein rotes Dach mit einem weißen Schornstein, aber es hat keine Klingel. Dafür aber einen dicken Türklopfer aus Metall.

KLOPF, KLOPF, macht Mama noch mal.

„Weißt du, Antonio, es ist immer wichtig, dass wir Oma und Opa besuchen, weil die sich so freuen!", erklärt Amelie Antonio.

Und wirklich: „Was wären wir ohne Amelie!", ruft Oma, kaum hat sie die Tür aufgemacht.

„Und ohne Antonio", sagt Amelie.

„Und Antonio, stimmt!" Opa kommt lachend aus dem Garten. Er hebt die beiden hoch und wirbelt sie herum. Amelie hält Antonio nur noch an einem Fuß fest, als Opa sie wieder absetzt. So doll hat Opa sie herumgewirbelt.

„Und ich bin so gerne bei Oma und Opa, weil es da immer so spannend ist", flüstert Antonio Amelie zu.

Das stimmt! Und heute wird es sogar noch spannender als jemals zuvor! Es fängt schon ganz wunderbar aufregend an. Kaum hat Mama Tschüss gesagt, schlägt Oma vor, dass Amelie und Antonio mit ihr zum Markt fahren. Mit dem Bus! Amelie ist noch nie mit dem Bus gefahren. Zu Hause mit Mama und Papa fährt sie entweder hinten auf dem Rad mit oder sie fährt selbst mit dem Fahrrad oder sie geht zu Fuß oder sie sitzt im Kindersitz im Auto.

Darum ist sie so, so, so froh über Omas Idee mit dem Busfahren.

„Bringt etwas Leckeres zum Abendessen mit!", ruft Opa den dreien noch hinterher und harkt weiter im Blumenbeet.

Bis zur Bushaltestelle ist es gar nicht weit, aber leider müssen sie auf den Bus warten. Damit Antonio sich nicht langweilt, erklärt Amelie ihm, wie das mit dem Busfahren ist. „Der Bus ist rieesengroß und da steigen die Leute einfach ein und dann fährt der durch die ganze Welt!", sagt Amelie.

„Aber wir steigen schon am Marktplatz aus", sagt Oma, „kommt fix, da ist er schon."

QUIETSCH!, hält der Bus an der Haltestelle.

„Der ist ja wirklich riesengroß!", flüstert Antonio Amelie zu.

„Weiß ich doch!", flüstert Amelie stolz zurück. Was sie aber nicht weiß, ist, dass man eine Fahrkarte kaufen muss beim

Busfahrer. Aber Oma kennt sich aus. „Eine Fahrkarte für ein Kind und eine für eine Erwachsene bitte, Erwin", sagt Oma zum Busfahrer.

„Und eine für Antonio", sagt Amelie vorwurfsvoll, „den darfst du doch nicht vergessen!"

„Ha", lacht der Busfahrer Erwin. „Besondere Gäste brauchen natürlich keine Fahrkarte! Wie heißt denn dein Freund?"

„Antonio heißt der", sagt Amelie stolz, „wir sind bei Oma und Opa zu Besuch!"

„Ach, dann bist du Amelie", sagt der Busfahrer und Amelie fängt gerade an, sich zu wundern, woher er das wohl weiß, als er sagt: „Ich habe nämlich auch einen Freund, und das ist dein Opa! Der hat mir schon viel von dir erzählt."

Amelie will sich sehr gerne mit dem netten Busfahrer-Erwin-Opa-Freund weiter unterhalten, aber der sagt: „So, jetzt geht es aber los, sonst werden die Fahrgäste ungeduldig, die wollen ja weiterfahren."

Das versteht Amelie und im Bus sind wirklich viele andere Fahrgäste. Der Bus fährt los und Antonio will den Fahrschein in den Kasten stecken, damit ein Stempel darauf kommt. Das ist gar nicht so einfach, weil der Bus so wackelt. Oma muss Amelie festhalten und Amelie Antonio. Und Antonio die Fahrkarte, die er auch noch in den klitzekleinen Schlitz im Stempelkasten stecken muss. Fast hätte er es geschafft, wenn der Bus nicht genau in dem Moment eine scharfe Kurve gefahren wäre.

Als Erste verliert Oma das Gleichgewicht. Sie wackelt und plumpst auf einen Sitz, auf dem schon ein Mann in einem schicken Anzug sitzt. Dann verliert Amelie das Gleichgewicht, weil Oma sie nicht mehr festhält, und sie plumpst auf Omas Schoß. Und Antonio fliegt durch die Luft und landet auf Amelies Kopf.

Der Mann mit dem schicken Anzug ruft erschrocken: „Nanu!"
Oma sagt: „Entschuldigen Sie bitte!"
Amelie und Antonio sagen: „Autschi!"

Dann rappeln sich alle wieder auf und Oma schiebt Amelie und Antonio auf einen freien Sitz. Dabei dreht sie sich zu dem Mann im Anzug um und murmelt noch mal: „Entschuldigung!"

„Der Mann sieht gar nicht froh aus", flüstert Amelie Antonio zu.

„Der Anzug auch nicht", flüstert Antonio zurück und Amelie muss schrecklich lachen, denn es stimmt: Der Mann hat seine Stirn in dicke Falten gelegt, so schlecht gelaunt ist er, und der Anzug hat auch Falten abgekriegt.

„Ihr bleibt besser hier sitzen, damit ihr nicht mehr umfallt", sagt Oma zu Amelie und Antonio, während sie die Fahrkarte in den Stempelkasten schiebt.

Amelie will mit Antonio ans Fenster, weil dem sonst schlecht wird, aber dann will sie doch lieber stehen, weil man sich so lustig an der Stange festhalten kann und Antonio das auch so prima findet. Als Oma fragt, ob ihm denn dann nicht auch schlecht wird, sagt Amelie ganz schlau: „Wenn ich Antonio auf dem Arm habe, wird ihm nie schlecht!"

„Marktplatz!", ruft der Erwin-Busfahrer-Opa-Freund.

Amelie will den Knopf drücken, damit die Tür aufgeht, und dann geht es plötzlich ganz schnell. Viele Menschen schieben und drängeln und ehe sie sich's versieht, ist Amelie draußen. Oma auch.

„Geschafft", sagt Oma.

„Geschafft!", will Amelie zu Antonio sagen ... und bemerkt erst jetzt, dass sie ihn gar nicht im Arm hält!

Er ist bei dem Geschubse heruntergefallen und der Bus fährt los!

„Oma!", schreit Amelie. „Oma, der Antonio ... der Antonio! Der fährt jetzt ganz alleine in die weite, weite Welt!"

„Hast du ihn verloren?", fragt Oma erschrocken. Sie hat gar nichts davon mitbekommen.

„Antonio!", schluchzt Amelie jetzt ganz heftig. „Antonio! Mein Antonio!"

Oma kann sie gar nicht beruhigen. Ans Einkaufen auf dem Markt ist jetzt nicht mehr zu denken!

„Am besten fahren wir nach Hause und rufen beim Fundbüro an, vielleicht hat jemand Antonio gefunden und dort abgegeben!", sagt Oma. „Dafür gibt es ja extra Fundbüros, damit man da etwas finden kann. Wer etwas verloren hat, kann es dort wiederbekommen, wenn er Glück hat."

Amelie hört ihr gar nicht richtig zu, so unglücklich ist sie.

Oma und Amelie nehmen gleich den nächsten Bus wieder zurück. Ohne Antonio und mit einem ganz anderen Busfahrer.

Amelie sitzt auf Omas Schoß und weint und weint, die ganze Fahrt lang. „Ooma! Der arme Antonio hat bestimmt große Angst in der weiten Welt! Er war doch noch nie, nie alleine, ohne mich! Ooooma!", schluchzt sie.

„Schh!", sagt Oma. „Bestimmt hat ihn jemand gefunden und bringt ihn zum Fundbüro!"

„Oder ein Böser hat ihn gefunden und behält ihn, Ooooma!" Amelie merkt gar nicht, wie Oma sie aus dem Bus hebt. Kaum laufen kann sie vor lauter Kummer. Sie weint so sehr, dass sie Opa vor seinem Häuschen kaum erkennt, denn durch all die Tränen sieht sie alles nur verschwommen.

Sie stürzt sich in Opas Arme.

„Ist ja gut Amelie, ist ja alles gut!", sagt der. „Guck doch mal, wer da ist!" Amelie schnieft und reibt sich die Augen. Ganz langsam dreht sie sich um und sieht hinter Opa den Busfahrer-Erwin-Opa-Freund.

„Hallo, Amelie, guck mal, wen ich gefunden habe: deinen Freund Antonio", sagt der. „Und da ich eh Dienstschluss hatte, dachte ich, ich bring den Weltenbummler ganz schnell zurück zu dir!"

Amelie springt von Opas Arm, reißt dem Busfahrer-Erwin-Opa-Freund Antonio aus der Hand und drückt und küsst und küsst und drückt Antonio, bis der flüstert: „Hölfe, öch krög köine Löft möhr!"

Der Busfahrer-Erwin-Opa-Freund bleibt noch zum Abendessen da. Es gibt zwar keinen frischen Salat vom Markt, aber die Butterbrote, die Opa gemacht hat, schmecken Amelie ausgezeichnet.

Abends im Bett erzählt ihr Antonio von seiner Fahrt in die weite Welt. „Bis nach Afrika bin ich gefahren", behauptet er, „und ich hab echte Löwen getroffen! Die waren so groß wie der Bus, aber die waren alle total lieb und kuschelig und haben gesagt, ich soll dich das nächste Mal mitbringen."

„Du träumst ja schon", murmelt Amelie, „aber du hast recht, ich lasse dich nie mehr alleine in die große, weite Welt fahren!"

Antonio und die komische Amelie

Amelie ist ganz anders als sonst, findet Antonio. Sie lacht nicht mehr, sie will nicht spielen und selbst wenn Antonio vom Schrank aufs Sofa springt, was sonst immer zu einer Riesenkuschelei führt, will Amelie nicht mitmachen.

Erst nach vielen Tagen und erst, als sich Antonio verzweifelt auf den Boden geworfen und ganz furchtbar gestöhnt hat: „Ich halte das nicht mehr aus, sei doch bitte wieder lustig", rückt Amelie mit der Sprache heraus.

Es ist nämlich so, dass Elli, die Erzieherin, den Kindergarten verlassen wird. Sie will dafür unbedingt lieber studieren gehen.

„Was ist Studieren?", fragt Antonio.

„Weiß ich nicht", sagt Amelie, „aber das kann ja nur etwas ganz Blödes sein, wenn Elli deswegen nicht mehr unsere Erzieherin in der Käfergruppe sein kann."

„Das ist ja ganz furchtbar traurig", sagt Antonio und denkt nach. „Aber vielleicht auch ein bisschen lustig, weil dann alle Kinder in der Käfergruppe machen können, was sie wollen, ohne Erzieherin."

„Also wirklich, manchmal verstehst du doch nicht alles, obwohl du das schlauste Nashorn der Welt bist!", sagt Amelie vorwurfsvoll.

Antonio wackelt beleidigt mit seinem Horn: „Das liegt ja nur daran, dass ich fast nie mit in den Kindergarten darf! Wie soll ich dann alles verstehen, was da los ist?"

„Da hast du recht", sagt Amelie und erzählt ihm, dass die Käfergruppe nicht allein sein wird, weil nämlich eine neue Erzieherin kommen wird, die noch keiner kennt.

„Und weißt du, warum das auch schlimm ist, Antonio? Es kann ja auch sein, dass die neue Erzieherin überhaupt gar nicht nett ist!", sorgt sich Amelie.

„Bestimmt ist sie nicht so nett wie Elli!", sagt Antonio, und das glaubt Amelie auch, denn niemand ist so nett wie Elli.

Nachdem Antonio nun alles weiß, geht es Amelie etwas besser. Und dann geht es ihr wieder schlechter, nämlich an dem Tag, an dem Elli ihren Abschied im Kindergarten feiert.

Alle Kinder haben Elli schöne Bilder gemalt und Elli ist ganz froh darüber und will sich aus den Bildern ein Buch zusammenbasteln. Aber in dem Buch wird kein Bild von Amelie zu sehen sein, denn die hat keins gemalt.

„Warum denn nicht?", fragt Elli erstaunt. „Du kannst doch so schön malen!"

„Ja", sagt Amelie, „aber ich mach keine traurigen Geschenke." Amelie wischt sich eine Träne aus dem Gesicht.

„Ach, Amelie, komm mal her!" Elli will sie sanft in den Arm nehmen, aber Amelie reißt sich los und wirft sich heftig schluchzend auf das grüne Sitzkissen. Mit dem Gesicht nach unten, Arme und Beine von sich gestreckt.

Jetzt fangen auch Tini und Frieda an zu schluchzen. Um von der Traurigkeit abzulenken, erklärt Elli, was Studieren ist. „Das ist so etwas wie eine große Schule für große Leute. Hinterher ist man dann Ärztin oder Ingenieurin oder Lehrerin, wie ich das werden will."

„Das ist doch komisch, dass Lehrer in die Schule gehen müssen, um Lehrer zu lernen! Das sollst du gar nicht machen, Elli! Das ist blöde! Im Kindergarten ist es doch viel schöner!", bricht es aus Amelie unter vielen Schluchzern heraus.

Elli kann Amelie kaum beruhigen, auch nicht mit dem Kuchen, den sie extra für die Käfergruppe gebacken hat, und erst recht nicht mit der Überraschung.

„Ihr habt euch sicherlich gefragt, wer wohl Barbara ist, die jetzt die Käfergruppe übernimmt", sagt sie. „Hier ist sie!"

Elli macht die Tür auf und herein kommt eine Frau, die größer ist als Elli und ungefähr so alt wie Amelies Mama. Sie lächelt und setzt sich in den Stuhlkreis. Sie will die Namen von allen Kindern wissen und fragt nach ihren Lieblingsliedern, die dann auch gesungen werden.

Nur Amelie singt nicht mit. Sie gibt Barbara auch nicht die Hand, um Tschüss zu sagen, als Papa sie abholt.

Aber Elli fällt sie weinend um den Hals. Elli verspricht, dass sie spätestens zum Sommerfest zu Besuch kommt, aber das beruhigt Amelie fast nicht.

Zu Hause erzählt sie Antonio von Barbara. Und auch, dass morgen alle Kinder ihr Lieblingsspielzeug mitbringen dürfen und sie statt Spielzeug Antonio mitnehmen wird.

Dann wird er schon sehen, dass Barbara ganz und gar nicht wie Elli ist.

Das will Antonio gerne sehen. Aber andererseits will er mit der Barbara auch gar nichts zu tun haben. Eigentlich kommt er nur wegen Amelie mit in den Kindergarten.

Als Barbara ihn begrüßt und sagt: „Na, das ist aber ein feines Spielzeug", dreht sich Antonio auf Amelies Arm einfach um.

Und Amelie sagt: „Das ist kein feines Spielzeug, das ist Antonio, und der redet nicht mit dir!"

Wütend stapft sie in den Stuhlkreis.

Alle anderen Kinder zeigen Barbara ihre Lieblingsspielzeuge.

Ole ist ganz stolz auf sein tolles ferngesteuertes Auto und er dreht sogar eine Runde um den Stuhlkreis, was man eigentlich im Kindergarten drinnen gar nicht

darf, aber heute macht Barbara eine Ausnahme und applaudiert, als Oles Auto ganz scharf direkt vor ihr bremst.

Frieda hat ihren Teddy Knut mitgebracht und Barbara findet, dass er ein ausgezeichneter Bär ist, auch mit nur einem Ohr.

Mehmet hat seinen Arztkoffer mitgebracht und Barbara ist erstaunt, dass darin ein echtes Gerät mit Ohrstöpseln ist, mit dem Barbara sein Herz hören kann.

Und Amelie? So allmählich will sie auch gerne was zeigen, aber Antonio will sich nicht umdrehen.

Amelie denkt scharf nach und dann sagt sie zu Barbara: „Antonio will sich nicht umdrehen, weil er ein bisschen kaputt ist an der Hose."

„Ah", sagt Barbara, und dass sie das verstehen kann, aber dass er auch von hinten nach einem ziemlich guten Freund aussieht.

Das gefällt Amelie sehr. „Antonio ist der allerbeste Freund der Welt!", ruft sie glücklich.

Und Antonio lugt ein bisschen nach der neuen Kindergärtnerin.

Als Amelie zu Hause ist, findet sie es gar nicht mehr so schlimm, dass Barbara jetzt Erzieherin in der Käfergruppe ist, und Antonio stimmt ihr zu.

Vor allem, weil Barbara so schlau ist und gemerkt hat, dass Antonio der allerbeste Freund der Welt ist.

Monika Hülshoff hatte schon als Kind eine große Leidenschaft für lebendige Stofftiere. In ihrem Kinderzimmer wohnte sie mit einer Igelfamilie. Zu ihrer Freude kann sie durch das liebenswerte Nashorn Antonio und seine Freundin Amelie endlich von der bereichernden Freundschaft zwischen Mensch und Kuscheltier berichten. Monika Hülshoff arbeitet als Autorin und Realisateurin für diverse Kinderfilmformate, u. a. *Wissen macht Ah* und *Die Sendung mit dem Elefanten*. Monika Hülshoff ist Mutter von zwei erwachsenen Kindern und lebt in Köln.

Thorsten Saleina, geboren 1970 in Stade, studierte Kommunikationsdesign an der Hochschule für Angewandte Wissenschaften in Hamburg und war anschließend als Grafiker für verschiedene Design- und Werbeagenturen tätig. Heute lebt und arbeitet er als freiberuflicher Illustrator weiterhin in der Hansestadt und bebildert Bücher für Kinder und Erwachsene. Thorsten Saleinas Antonio ist ein orangefarbener Stoffhase und heißt Herr Hase. Dieser wohnt heute mit all den anderen Begleitern aus TS' Kindheit in einer Plüsch-WG auf dem Land und wenn die beiden sich besuchen, dann beginnen die Gespräche meist mit einem Augenzwinkern und dem Satz „Weißt du noch …?".